박영수 제6시집

사랑한 잎

국립중앙도서관 출판시도서목록(CIP)

사랑 한 잎 : 박영수 제6시집 / 박영수. -- 서울 : 한누리미디어, 2010
p. ; cm

ISBN 978-89-7969-362-1 03810 : ₩7000

한국 현대시[韓國 現代詩]

811.6-KDC5
895.715-DDC21 CIP2010000992

박영수 제6시집

사랑한잎

한누리미디어

참나(眞我)를 찾아서

찾으면 찾을수록 어디로 숨어버렸는지, 도무지 찾을 수 없는 내 모습 찾아 또 한 번의 긴 여행을 떠나렵니다.

두 눈으로 다시 볼 수 없는 날까지 참나(眞我)를 찾는 여행을 결코 중단하지는 않을 것입니다. 결국 시 쓰기란 자신의 삶을 해체 복원하는 과정이 아닐까 생각합니다.

그러므로 시가 좋고 나쁨은 그 다음의 문제이고 시인은 어쩔 수 없이 시를 쓰고 발표해야 하는 것이며 아직은 미숙하기만한 저의 시들을 독자에게 선보이는 마음 그저 송구할 따름입니다.

그러나 이 길이 비록 지향 없는 길이 될지라도 뚜벅 뚜벅 걸어가 보렵니다.

보잘것 없는 저의 시를 흔쾌히 평해 주신 홍윤기 선생님과 한누리미디어 관계자 여러분께 감사의 말씀 드리며, 소중한 아내, 세 딸, 두 사위, 외손녀 예원이와 함께 제6시집 출판의 기쁨을 함께 나누고 싶습니다.

2010. 3. 21

삼성산 자락에서 **박영수**

차례

박영수 제6시집

사랑 한 잎

책을 펴내면서 … 9

제1부 사랑 한 잎

16 … 사랑 한 잎
17 … 열꽃
18 … 고통마저 그리울 때가 있다
19 … 낮은 곳으로 임하라
20 … 그 맛
22 … 채송화
23 … 내 차마 잊지는 못하리
25 … 덕수궁 돌담길
27 … 삼성산공원
28 … 고만 고만
29 … 단 일초의 영감
30 … 술주정 되나요
31 … 가스나
33 … 우중모색
35 … 할머니
37 … 질주
38 … 돌아갈 수 있다면
39 … 노숙자
41 … 당신
42 … 사이(間)

차례

박영수 제6시집

사랑한잎

제2부 눈물가시

44 … 눈물가시
45 … 정
46 … 오리무중
47 … 그저 그렇다
48 … 여백의 미
49 … 어느 수인의 이야기
51 … 색소폰 소리
52 … 독백
53 … 물기는 달아나고
55 … 오죽헌
56 … 요즘 세상
58 … 와이토모 반딧불 동굴
59 … 어머니가 부르는 노래
60 … 어떤 권주가
62 … 숭례문
64 … 크리스마스
67 … 찍, 소리

차례

박영수 제6시집

사랑한 잎

제3부 숨바꼭질

70 … 숨바꼭질
71 … 세월, 그리고
73 … 비의 성찬
75 … 비는 내리고
76 … 장마
79 … 불신시대
80 … 별난 착각
81 … 권주가
83 … 황제의 변
85 … 하, 민망스러바서
87 … 잠시 머물다 간 백지 위에서
89 … 자계서원
91 … 영혼은 천상의 나래를 펴고
92 … 언제 또 만날 수 있을까
94 … 시인이여
96 … 사시

제4부 사의 찬미

98 … 사의 찬미
99 … 문득 생각해 보니
102 … 돌 돌 돌
105 … 길을 달린다
107 … 공해야! 공해
109 … 고백
110 … 가끔 그럴 때가 있다
111 … 놀랍다
113 … 추석
115 … 가을 그 소리
116 … 또 가을이 오는 소리
117 … 가을 노래
120 … 밝은 빛이 되소서
122 … 늘 푸른 나무로 우뚝 서소서
124 … 그래도 너는 효자라

제5부 바람아 불어다오

126 … 바람아 불어다오
127 … 한 판 춤
128 … 카멜레온
129 … 사진 속에는
130 … 정각에 이르는 길
132 … 산 속에서나 찾아봐유
133 … 하늘아, 별아
134 … 빨간 우체통
135 … 무정 세월
136 … 오늘, 비로소
137 … 뇌성
139 … 꺼덕꺼덕
141 … 겨울 나그네
142 … 원 왕생
144 … 가는 자의 말씀
146 … 몰래 피우는 담배

작품해설 · 빛나는 이미지즘으로서의 순수미의 승화/ **홍윤기** … 147

제 1 부

사랑한잎

사랑 한 잎

눈물겨운 사랑 한 잎
여기 있었네

느껴,
목울대 적시던 그
사랑 한 잎 곱게 피었네

한 생각이
소매 끝에서 하르르 떨 때

그때는
제발 돌아와 주세요
서슴치 말고

잘 가고, 또 오마
헐레벌떡 손을 흔드네

*서울시 금천구 시흥5동 소재 삼성산 공원에 건립된 필자의 시비에 새겨진 시임

열꽃

꽃이 피는 건 쉬워도 지는 건 한참이라네. 그대 오늘도 내 몸 구석구석 연약한 곳만 찾아다니며 꽃봉오리 피워 올리고

대책 없는 나는 크림타입으로 애무해 보지만 그대 떠날 생각이 정녕 없나요. 아직은

열꽃 토해 놓은 그 위를 살금살금 걸어가 보면 뎁석부리 노총각 수염처럼 까칠까칠한 것이 오히려 우유처럼 갈증난 목구멍을 적셔 주네요

꽃이 피는 것도 꽃이 지는 것도 그대 마음 한 자락이라 하지만, 그대가 처음처럼 잠자는 내 영혼을 송두리째 피워 올리듯

소식조차 전할 수 없는 그런 곳으로 가다오. 꽃 보듯 붉은 꽃 보듯 그냥 가다오. 날 잊어버리고

이제 난 그만 가뿐한 마음으로 흰 손마저 흔들고 말겠네. 안녕, 열꽃이여 안녕

고통마저 그리울 때가 있다

강한 것이
좋은 것이라 하지만
사랑하고 싶지 않고

좋은 것이 사랑이라 하지만
알고 보면 너는
목마른 한 마리 짐생

비록 그것이
너만의 속 좁은 생각일지라도
그냥, 잘 살아가거라
그것조차 생강 같은 너의 인생인 것을

뒤돌아보지 마라
그것이 비록
너만의 고통일지라도
그것마저 그리울 때가 있는 것이네

낮은 곳으로 임하라

한 7부 능선쯤 내려왔을까
아카시아 찔레꽃 펑, 펑
향기 터뜨리는 소리에 취해

비틀거리며 벌름거리며 흥얼거리며
어머니가 쪄 준 빵떡을 생각하며
버들피리 보리피리 소리 들어 보네

아래로만 하얀 등불 밝혀주는
귀룽나무 꽃 그 똘망똘망한 눈들이
나를 쳐다보며 임臨하라,
더 낮은 곳으로 임하라 일러주네

그 맛

한밤중
화장실 타일 바닥에
쪼그리고 앉아

담배 한 대를 피운다
작은 창을
반쯤 열어둔 채

이때의 맛은
어릴 적 따먹던 그

오디보다도
살구보다도
삘기보다도

더
비릿한 향긋한 톡 쏘는
그 맛이
새삼 살아오는 것이다

참,

참으로

그윽한 그리움이다

채송화

그 기집애 누구였더라
내 유년의 들판 걸어오는
웃니 빠진 그 기집애

때로는 박꽃처럼 하얀 웃음을 달고
때로는 달빛처럼 등 두드리며 놀자 하고
오색 무지개 피워 올리며 두 볼 붉히던
앙팡진 그 기집애

한참 낮은 키로 잘도 따라다니던
맑은 영혼에 한 점 부끄럼 없다며
낭창낭창 휘어지던 내 유년의 벌판
아직도 달려오는 얄미운 그 기집애

내 차마 잊지는 못하리

그 젊음
그 낭만
그 슬픔
그 고독
그 괴로움들

지게 목발 두드리던 친구야
삘기 뽑던 친구야
참꽃 먹던 친구야
칡뿌리 질겅질겅 씹던 친구야

그리워,
그리워서 온 가슴으로 불러본들
가버린 날들 안개 속에 휩싸여
보이지 않고
팔을 베고 드러누워 잠 못 이루네.

단풍이 곱게 물드는
지금은
시월하고도 상순

귀뚜라미 울음 울고
별이 빛나는 밤
묻혀 버린 그리움을
초롱불로 밝혀 드는데

또 다른 이파리는 어느새
낙엽소리로 울고
화르르 쏟아지는 추억의 조각들
저리 흘러 어디로 가나

들판과 숲길을 헤매는
한 마리 작은 새가 되어
잃어버린 꿈동산 날아볼 수 없을까

차마,
내 오늘은
누항 속을 헤매 돌고 있건만

덕수궁 돌담길

덕수궁 돌담길
지천에

노란 은행잎이 떨어져
참 곱기도 하다

돌담길을 거닐며
사색의 꽃도 피워 보지만
획, 지나가고 싶어진다

떨어져,
짓뭉개진 은행 열매를
요리조리 피해 보지만

구두바닥에는 그 독특한 향기가
춘니春泥처럼 달라붙어
좀처럼 떨어질 생각을 않는다

어찌 보면 그것은
내가 풍기는 구린내는 또 아닐까

그런 생각조차 해보며

가을을 가로질러
오늘은
사념을 토해 본다

삼성산공원

내가 사는 동네 할아버지 할머니 아저씨 아줌마들 심심찮게 그곳엘 간다. 아침 점심 저녁 가리지 않고

춘향이 추천 놀이하듯 좌우로 엉덩이 몇 번 흔들고 강강수월래 놀이하듯 공원을 몇 바퀴 돌려 보다 이내 점잖게들 내려온다.

가끔씩 나도 호압사나 한내를 멀거니 바라보기도 하고 아는 이들의 집은 어디쯤일까 별 헤듯 찾아보기도 하지만,

할아비 속도 모르는 네 살 먹은 외손녀의 재재거리는 소리에 놀라 떨어지는 사랑 한 잎 줍다 말고 슬금슬금 내려오는 날이 많아졌다.

고만 고만

시詩도
시들시들하고

등산을 가도
등만 시리고

술을 먹어 봐도
술술 풀리는 것 하나 없고

아내와 고스톱을 쳐 봐도
고만고만하기만 하다

단 일초의 영감

시를 읽다 보면
아득할 때가 있다

나는 이럴 때
알게 모르게
시의 세계에 푹 빠져 든다

아득함이여!

네가 나를 잡아주고
네가 나에게 비로소
존재의 이유를 밝혀들고
오라오라 손짓할 때

나는 비로소
한 가닥
희망에 떨기도 하는 것이다

그 일초의 영감이
몹시 그리운 날이다. 오늘은

술주정 되나요

여보, 여기는 제주도

언제 그곳까지 갔나요

아니, 벌써
별들과 대화중이야!

알았어요
비행기 타고 빨리 오기나 하세요

그리고
쿨, 쿨, 쿨

부스스한 얼굴로
문 열어주는 그대

불청객을 맞이하네

가스나

가스나야 가스나야
니 정말
오랜만에 불러보는 이름이구나

가스나야 가스나야
니 정말
그리운 이름이구나

멀리,
삼국시대 꼭대기로
올라가 보면

방글거리는 웃음으로
싸움 한 번
안 하고

방편 한 번 잘 써서
나라를 구한
영민한 가스나야

풀잎 같은 가스나야
치자꽃 같은 가스나야
무 속 같은 가스나야

내 오늘 비로소
부산에 와
너를 한껏 느껴본다

우중모색

아무도 없네

풍력 높은 계급의
바람이 부는 날은
몹시 존경받던
어느 혁명가가 갑자기 서거하듯
많은 비가 쏟아지는 날은
온 산이
생쥐처럼 떨고 있는 날은

마구 칠한
네 살배기 그림처럼
생명 있는 것들의 온갖
비늘이 난무하는 산길에
기氣 센 까투리에게 쫓겨났는지,
장끼 한 마리 꽁무니 먼저 감추고
새들도 둥지 속에서 끽소리 없네

키 큰 나무는
종처럼 목숨을 이어가고 있는

작은 나무나 풀들의 고독은
꿈에도 모른 채
배불리 먹고 있는 생명수를
그들이 보시하고 있다는 사실마저
까맣게 모른다네

배수로의 물들도
배를 딱 붙이고
뱀처럼 기어만 가고
그들 역시 작은 풀잎 하나가
물거품을 일으키고
장애가 곧,
깨달음이 된다는 사실조차
하얗게 모르는 채

그렇게 먼 길을 가고만 있네

할머니

잘 가래이—
내사 니 다시 볼랑가 모르겄다
훌쩍훌쩍 코를 들이마신다
그렇게 코로 말을 하는 것이다

와 이래 덥노
부채가 뭐 더위라도 묵은나
활활 좀 부쳐 보그래
눈으로 지그시 말씀하신다

요강에다 허술한
그 육체를 올려놓으니
부끄러운 듯 미안한 듯

생강 꽃물 든 얼굴에 살짝
웃음끼마저 보이며
니가 서울서 묵으라카든
그 약 하나도 안 묵었다 아이가
그래서 인자 내가 죽을랑갑다

잘 가래이—
니 언제 다시 볼랑가 모르겠데이

그리고
수일 후 할머니가
돌아가셨다는 급보를 받았다

지금도 내가
콜록콜록 괴로움을 토해낼 때
그때마다 어느새 왔는지 할머니는
토닥토닥 내 마음 두드려 주신다. 그 깊은 눈으로

질주

헐레벌떡 달려간다
석양이 곱게 물든 들판 길을

맨발로 달려간다

빈손으로 와서 젖 먹던 힘 다하여
달려간다

피는 흘릴수록 맑아지듯
달릴수록 맑아지고 있는 것인가. 네 마음도

돌아갈 수 있다면

생각하면 할수록
그려 보면 볼수록
얼마나 멋진 삶이랴!

돌칼을 갈아
사냥을 하고
야트막한 움막에서
사랑의 불꽃 피워 올리며

그대 뺨에 흘러내리는
눈물 닦아주고
이유 없는 싸움에도 기꺼이
몸 사리지 않는
그 모습 어디에 던져두고

그대 오늘은
21세기를 깔고 앉아
무얼 생각하며 어지러운 삶
만지작거리고만 있는 것일까

노숙자

계집아이 서넛 가고 난
빈 그네 혼자 흔들거리고

장기두던
몇몇 남루조차
어둠 속에 묻혀 버린

소공원 벤치에 한 노숙자가
빼끔 빼끔 담배연기를
빈 하늘로 날려 보내다

가소롭다는 듯 안타깝다는 듯
쯧, 쯧 혀를 차며 여보시오!
이봐요 비 오는 것도 모릉가?
입성은 멀쩡한데 도대체 생짜구먼

노숙자는 아무나 하나
먹을 자리 비 피할 자리쯤은
스스로 찾을 줄 알아야지

젖은 머리카락 쓸어 넘기던
또 한 노숙자가 슬그머니
일어나더니 제 목줄 질질 끌고
어디론가 멀어져 간다

당신

파악,
성냥을 그으면

파란
불꽃이 인다.

코끝을 스치는
파란 그 냄새

밉다 말할까
곱다고 말할까

하늘같이 높고
바다같이 깊은
당신

그 마음에
파란 불꽃이 인다.

사이(間)

천사와 악마 사이엔
무엇이 도사리고 있을까
기쁨과 슬픔 사이엔
또 무엇이 웅크리고 있을까
겸손과 시건방짐 사이엔
그 무엇이 노리고 있을까

사이란 원체
쉬운 듯하지만, 실로
깊고도 오묘한 진리처럼
사이 좋게 지나기가 여간
어렵지 않다네

입과 입
말과 말 그 사이에
온 우주가 날개를 펴고 있다는
사실을 조만간 꼭,
알아야만 할 것이네, 그대도

*시건방짐 : 웃자란 코털이 자기도 모르는 사이에 쏙 고개를 내밀고 이를 본 연인이 걸음아 나 살려라 하고 발길 돌리며 까르르 까르르 웃어제치는 형국임.
*꼭 : 토해내는 말의 본새에 따라 염라대왕도 옥황상제도 만날 수 있음

제2부

눈물가시

눈물가시

사람은 누구나

웃음 속에
가슴 콕콕 찌르는
한두 개의 날침을
깊이 감추고

외로울 때나
서러움 복받쳐 오를 때나
텅 빈 허공을
맥 놓고 쳐다볼 때

그 눈물가시로 콕콕
찔러 보는 것은 아닐까

정淨

스스로

입을 막아야
한다면

아무 행동할 수
없다면

비수를 갈 수
없다면

거렁뱅이로 살겠다.
차라리

오리무중

외로움이 외로움을 추스르고
고뇌가 고뇌를 쓰다듬고
목마름이 목마름으로 타 오르는
비뚤한 언덕에 앉아
무심히 흘러가는 강물 쳐다보며
한 조각 외로운 삶 놓지 못해
흘러가는 강심에 눈물 흘러 보았네

그저 그렇다

목을 길게 늘이고
절실하게 누굴 불러 본 적 있는가
애절한 사랑가 불러 본 적 있는가
그저 그렇다
항상 산다는 것은 꽉 찬 듯하면서도
펴 보면 언제나 빈손인 것을
슬픔처럼 반짝이는 밤하늘의 별들이
무엇을 바란 적 있더냐
바람 부는 겨울 강가에 서서
펑펑 울음 우는 날 좀 있었으면 좋겠네
그저 그렇다
철없는 세월이 눈물처럼 흐르고
조건 없이 사랑하고 가뭇없이 슬퍼한 날들도
그저 그렇다
막 내린 무대 뒤에서
빈 영혼을 끌고 가는 고독의 긴 한숨 소리

여백의 미

큭, 하는
기침 한 번에

까만 눈동자도 깜짝 놀라
동그마니 흰 눈 속으로 사라지고

이, 뭐꼬

나도 그 눈부처 속에서
하염없이 휴식이나 취하고 싶어지네.

어느 수인의 이야기

뒷북 칠 줄 모르고
뒷주머니 찰 줄 모르는
그것이 차마, 후회라는

어느 수인囚人의
마지막 진술처럼

우리,
열심히 살았다는
그 말씀조차도

평생 헛구녕 파고
맑은 물 퐁퐁
솟아오르지 않는다고

성만 내고 있는 것은
아닌지 몰라
정말 그런지 몰라

그리운 이여,

거짓말을 하려면 꼭
찰떡같이만 하거라

호호 웃음꽃 날리며
또 한 번 신경질도 내면서

색소폰 소리

그렇게 애절한 색소폰 소리를 다 들려주시다니요.
긴 날은 아니었지만, 가을날 호수 위에 파문이 일듯
얼음 속에서 조잘대는 그 음률을 따라 나서면
저녁답 초가집 박꽃처럼 환히 피어오르는
꿈결 같은 추억과 아련한 삶의 파편들이
파릇파릇 피어오르는 내 마음을 타고 흘러가네요.
구슬픈 그 색소폰 소리는 귀를 막고 눈을 막아도
문득문득 내 마음의 창문을 두드리네요.

독백

다섯 끼 정도
뱃속을 비워 봐도

결코 죽어지지도 않는
강철 같은 멍청이다

그것으로 과연
무엇을 증명할 수 있을까

죽음 뒤에 오는 것은
정녕 무엇일까

썩어빠질
유언의 뼈마디뿐일까

물기는 달아나고

알겠네
이순의 중허리에서
물기 멀리 달아났음도

옛날에 어른들
말씀 겨우 알아들겠네

말라 버린
눈물 닦으며
윙윙대는 벌 소리 들으며
빈 하늘 쳐다보던 그 슬픈 흐름에

어느새 나도
마음을 싣고 떠내려가네

촉기 무성하던 그때를
젓가락 두드리듯 두드려 보지만,

말라 버린 샘물이란 걸
이미 알았네

모든 것을 놓아버려야 함도
해가 많이 기울어졌음도

오죽헌

흠 흠 잔기침하며
금강송이 하늘을 찌르는 오솔길을
슬쩍 빠져 나오고 있었지

이렇게
발걸음 가벼울 수도
소년처럼 깔깔댈 수도
부딪치는 술잔에
가을 하늘이 깨어지기도 하는

오늘은 오늘로서
그리운 날이고
즐거운 날이고
기억될 날이고

이율곡 선생이 어린 시절 놀던
육백년 된 배롱나무 꽃
붉게 핀
몽룡실 뜰앞을
흰 머리 소년들이 허적허적
허수아비처럼 걸어가고 있었네.

요즘 세상

세상은
돈으로 산다

슬픈 역사처럼
주님의 말씀처럼
축하의 말씀을 끼고

눈길을 헤치고
출렁이는 빈 창자에
술을 퍼붓고

왼쪽 옆구리에 수상패를
신년 달력처럼 끼고
오밤중에야 습관처럼 돌아왔다

그날 밤 선언했다
내 살아갈 날들보다 훌륭한 그대여
내 나머지 모든 것들도
너의 소유로 도배질하라
독립선언서 읽듯 읽어주고

나는 이불 속으로 기어들었다

요즘 세상은 돈을
신주처럼 모시고 산다
그것을 믿어주지 않을 수 없다
어설픈 그림자 끼고 도는 그 남루조차도

우리들 할아버지 또 그 할아버지
맨땅에 작은 정을 뿌리며
언 땅에 뿌리를 이어 왔지만,

돈을 신으로 모시고 사는 지금은
슬픈 역사를 만들어가는 시대다
끈끈한 정의 끈도 풀어 버리고

쩔렁쩔렁 전대 흔들며 쑥 배를 내밀고
뒤뚱뒤뚱 지구를 흔들며 유구한 역사를
흔들며 그렇게 강물처럼 타고 흐른다

와이토모 반딧불 동굴

저 소리 분명
천 년을 아니 만 년을 흘러내리는
눈물소리

저 불빛 분명
억겁의 세월 달려온
별빛소리

아득히
고개를 쳐들고 바라보았네
우리는

수많은 반짝임과
그 파란 울음소리를

차마 내 잊지는 못하여
너의 강물에 퐁당, 한 방울
눈물마저 빠뜨리고 말겠네

*와이토모 반딧불 동굴 : 뉴질랜드에 있는 세계 8대 불가사의 중의 하나임.

어머니가 부르는 노래

아직도 어머니가 무덤 속에서
부르고 있을

깊은 산을 넘어 외가에 갈 때
갈가지가 흙을 던지며 따라 오는 통에
간이 콩알만해졌다는

그 노래 소리는
가난하고 슬프기는 하지만,

한 시절의 절박한 이야기였을 것이고
살가운 정 없던 어머니가
들려주던 유일한 동화였는지

오매불망 아직도
내 마음 속에 살아남은 것은
내가 꼭 어려서만도 아닐 것입니다

어떤 권주가

단골 술집에
홀로 앉아
잔을 기울이고 있는데

젊은 엄마를 따라온
한 아이가
격자무늬 사이에 난
구멍을 가늠쇠삼아
까만 눈동자로 나를
정조준하고 있는 모양이
하도 귀여워
오징어 다리 하나를 주었더니

산토끼처럼 깡충 뛰어
내 앞으로 오더니
빈 술잔에 찰랑찰랑
술을 따라주면서
한 잔 더 하시유—

깜짝 놀라

아가야! 고맙다
머리 한 번 쓰다듬어 주고
받아 마시기는 하였다만
당최 마음이 편치 않아
급한 일이라도 생긴 양
자리를 털고 나왔는데요

5살짜리의 섬뜩한 권주가에
취한 나는
마음만 바위처럼 비틀거렸습니다

숭례문崇禮門

6백년 넘게 잘 살아온
숭례문이
불에 타서 순간에 사라져 버렸다

이럴 수도 있단 말인가
이래도 정말 좋단 말인가
도깨비도 아닌 한 늙은이의
어처구니없는 방화로
함께 숨쉬며 역사를 지켜온
국보 1호가
흔적 없이 사라져 버리다니!
슬프고 슬프다

경제대국이라고
큰소리나 펑펑치더니,
발등에 불이 떨어져서야
발만 동동 구르고,
절통하고 절통하구나
사랑하고 사랑하는
숭례문아!

미안하고 미안하구나

전화위복이란 말 잘 알잖니,
그냥 편히 쉬고 있다가
새로운 모습으로
돌아와 다오 꼭 돌아와 다오
그때, 비로소 우리
둥실 둥실 춤을 춰 보세
한바탕, 어깨춤을 춰 보세

*2008년 2월 10일 이날은 우리 국민 모두는 경악과 분노로 치를 떨고 고통과 슬픔의 눈물을 흘렸다

크리스마스

눈은
시퍼렇게 살아
하얀 동정을 달고
뚜벅뚜벅 걸어서 그의
곁으로 오고 있다

고운
동정에 미끄러져
세 번째 키스를 나눈 그의
뺨이 흠뻑 젖어 내린다

그의
발밑에 엎드린
눈은 어느새 까만 벌레로
살아나 밝은 불빛을
받아 여기저기로
고물고물 기어다닌다

그는
가는 세월조차

잠시 잊어 버렸다
생경스런 눈의 모습에
취해 비틀거린다

내림교회
불빛은 서로
마주 보며 십자가로
웃으며 오, 축하하라!
성탄을 축하하라

사뿐 사뿐
나비처럼 걸어온 눈들은
이제 막 성탄 축하의
노래를 부르고 있다

막내 딸집에서
가족파티를 마친 그는 굳이
승차를 거부하고 볼그족족한 얼굴로
외손녀에게 줄 오색 풍선을 목에 걸고
순흥안씨 양도공파 재실을 지나

벚꽃가지 사이로 반달이
방긋이 웃고 있는
삼성산 공원을
지나 집으로
돌아오고
있다

몹시
상기된
오늘밤 그의 꿈길은 오색
풍선처럼, 아득한 첫날밤처럼
울릉도 처녀처럼
울렁거릴
것이다

찍, 소리

덜커덩 덜커덩 굴러가다
마침내
찍, 소리 한 번 못하고

오르락
내리락
힘겨루기하다

어느 날
문득
멈춰 서 버리고 말겠지

우리들 사는 일이
늘
그렇지

끝내는
굴러가지도 못 한다는
사실만

꼬지랑 물에 비친
달처럼
빛날 뿐이네

제3부

숨바꼭질

숨바꼭질

방 구석구석 벽 이곳저곳을
스탠드 아래 위를
아무리 휘둘러 보아도
—용용 죽겠지 찾아봐라!
어, 옷장 속에도 없네
신작로 하얀 길을 보퉁이 안고
멀리멀리 사라져 가던
내 속만 태우던 순이, 順伊처럼
꼭꼭 숨어 버렸네
식어가는 몸 뒤스럭거리며
불러본다 너를 대답조차 없는 너를
나를 꼭 잡아줄 포근히 감싸줄
아무것도 없는 길 어디로 갈까
그렇다 이도 저도 도무지 안 될 그때는
물 한 모금 꿀꺽 안주로 마시고 유난히
초롱초롱한 어느 별빛을 따라
술을 마시며 옛 시인처럼 퐁당퐁당
시상이나 던져볼까? 그 빛 맑은 은하 물에
—요상하기도 하네.
터진 손 호르락 불며
에어컨 젖꼭지 너, 어디 숨었니

세월, 그리고

그대 나를 불러
선문답하듯 한 마디 던져 놓고
훌쩍 떠나갔네

누구는 무상이라 말하고
누구는 바람이라 말하고
누구는 또 가슴이라 말하고

머리 풀고 돌아와
길게 누운
그대여

반갑다 목을 안고
머리에 하얀 분가루 뿌리던,
부풀어 오른 그 허리 휘감아 안고 이제
그냥 드리겠습니다
타고 남은 재마저도

사구砂丘를 말없이 걸어
꽃이 지는 것도 꽃이 피는 것도

광풍으로만 몰고 온 그대여,
—담배를 태우시나요 술을 마시나요

마냥 기다리겠어요
목련꽃 그늘 아래서
한 점 속옷마저 벗어 던지고
겨울나무처럼, 온 몸으로

보리깜부기 입에 물고
눈감고 별을 헤며
제발 드리겠습니다 이제는

비의 성찬

마침내 그 비가
속살마저 두드리고 말았네.

다시 못 올 길인 듯
빈 가슴 후려치는 그 빗속을 뚫고
무엇을 바랐던가. 우리는

한 때의 사랑과 기도
그리고 고독조차 한 입에 털어 넣으며
말없이 비의 성찬을 즐기고 있었지

비는 줄기차게 마음의 빈 창을 때리고
한 잎 사랑마저 주체하지 못한 나는
기껏 맥주 한 병으로 외로움을 달래 보았지

이 날이 가고 나면
우리들 청춘은
다시 올까

보리 까끄라기처럼

빈 마음 콕콕 찌르는
한 줄기 희망은

등줄기에 밴 땀처럼 흘러내리고
뚜두둑 떨어지는 내 소중한 갈망을
하마 받쳐 주고 있었네. 가을비 우산이

비는 내리고

주룩주룩 장맛비 내리는 오후 3시 나는 잠실에 있는 동창회 사무실을 방문하여 동창생 한 녀석과 바둑 한 수를 두고 '해 뜨는 집' 이란 호프집에서 한 잔만 한 잔만 나이를 생각하자고 가는 세월에 장사 없다고 주기도문 외우듯 오징어 다리 질겅질겅 씹으며 끈적끈적한 추억에 취해서 장대비 차가운 뺨 후려치는 그 빗속을 또 홀로 걸어서 겨우 전철에 올라 어디 한 자리 없을까 휘둘러보며 얼른 빈 자리 골라잡고 무심히 건너편을 바라보니 숭숭 구멍 난 짧은 청바지에 검은머리 길게 늘어뜨린 갸름한 그 친구는 무엇이 그리 좋은지 까르르 까르르 대책 없이 웃어 제끼고 왜 그랬을까 옆에 앉은 그 아가씨 흐르는 눈물조차 닦지 못하고 누구 한 사람 관심조차 없고 창밖에는 비만 내리고 핸드폰은 저 혼자 열심히 울고 언젠가는 알겠지 그녀도 사랑이 얼마나 사람을 힘들게 하는지 치사하게 하는지 세월이 또 강물처럼 흘러 어느 한 순간 마음은 호수처럼 맑고 고요히 흐른다는 사실을 지금은 알 수 없지만 그렇게 아픈 사랑도 옛날처럼 흐르고 나면 그때를 기억하겠지 외로움처럼 그리움처럼

장마

때리네. 내리 퍼붓네
정수리 위에

뿌리 깊은 나무도
아프다 울며
봇물처럼 떠내려가네

입 열었다 하면 동이채
욕설 퍼붓던
소낙비 같던 흑산댁은
어디로 갔을까

돌담 밑에 앉아 맥놓고 울던
순이의 눈물 보퉁이
지금쯤 보송보송하기는 할까

장대비 매 맞던
허기진 그 소년은
아직도 고샅길 그 길에서
울고 있는 것일까

독산禿山을 머리에 인
그 할매,
황토 빛 봉분에 언제
파란 잔디 돋아났을까

어제 같은 비 맞는 오늘이나
주춤거리며 늙고 있을 내일이나
생각하면 언제나 안개 속일 뿐,

설움과 고독이 한숨으로 내려앉고
미지의 어느 종착역 위에서
우리는 하얀 촉루로 만날까

아무리 큰 슬픔도
오한의 날 밤도

청상의 시어미가
청상의 며느리 장딴지 찌르던
속울음조차도

황소 눈 같던 하늘이
경기 들린 아이처럼
파란 한쪽 빰을 내밀 때

뭉게구름은
등산모 깊숙이 눌러 쓰고
팔자걸음으로 먼 산을 넘어 가네

어느새 온 땅은
가마솥처럼 무럭무럭 김이 오르고
오늘은 낡은 건조대 위에서
젖은 마음 한 줌 말려야겠네

불신시대

얼음처럼 차가운
그 호수 가장자리에

바람 부는데,
눈이 오는데,

갈수록 늘어나는 통증
두 주먹으로 두드리며

허망 속에 울려 퍼지는
공명음만 듣는다

별난 착각

변강쇠 닮았다는
벌떡주 들입다 마시고

절대 고개 숙일 줄 모른다는
술잔 하나 얻어 와서
는실난실 잠을 자는데

한편 생각해 보니
황당하기도 하고 부끄럽기도 하고
부질없기도 하였지만,

원초적 본능 중에
허덕이고만 있는 나를 보고
또 다른 내가
크게 고민 중이라 일러 주네

권주가

그날
그 친구가 말했다

어이, 박 시인
시를 좀 즐겁게 쓸 수 없나
뭐, 이렇게 술에
술을 타서
술을 만들어 먹듯 말일세
그는 잔을 홀짝
비워 버렸다

나는 잠시 할 말을 잃고
그냥 웃기만 했다
즐거운 시라?

슬픔에
기쁨을 타 마시고
괴로움에
즐거움을 타 마시고
불황도

호황으로 타 마시고
무정도
유정으로 타 마시고

60대는
50대로 타 마시고
50대는
40대로 타 마시고
40대는
30대로 타 마신다

어이, 친구
너무 비약하시는구먼
그저 얌전하게 한 십년만 하향 조정하게나
그럼세 그것도 좋겠지

얼쩍은 우리는
쨍그랑 쨍그랑 청춘이
깨어지는 소리 들으며
제 갈 길 바쁘다. 하얀 손 흔들며

황제의 변

황후여!
그대의 분망함에
내 영혼 이미 질식하고도
그대를 사랑하지 않을 수 없는 것은
그대가 황후라서도 아니고
내가 황제라서도 결코
아닙니다.
내가
만백성을 사랑하고
아버지를 사랑하고 그대를
사랑한 것은 임금으로서 한 지아비로서
어쩔 수 없는 일이라 할 수도 있겠지만 황후여!
그대 어떻게 나를 사랑하셨나요. 내가
양 다리 사이에 고뇌를 끼고 앉아
소리 없이
울고 있을 때
황후여! 그대 무엇으로
나를 사랑하셨나요 그대 그렇게
처참한 모습으로 내 앞에서 가물가물
뒷걸음친 뒤 나는 비로소 황제가 자식이 지아비가

무엇을 어떻게 해야 한다는 것을 어렵사리 알기는
했지만 항상 때늦은 깨달음은 나의 버릴 수
없는 천성이었나 봅니다 황후여! 나를
품어 빗돌처럼 차가운
나의 열망을
때려 주소서
제발

하, 민망스러바서

이봐!
여기도 공짜 저기도 공짜 주섬주섬
모이를 주워 담는다

그것도 모른 채, 그놈들…
새끼도 없는 빈 주머니 찬 캥거루가
와락 달겨든다

—이쁜
우리 마누라님
이거 공짜 맞지?

슬며시 다가온 사육사
—제발 1달러의 여유를 사세요
열심히 공짜 챙기던
부창부수의 자존심 그만,
툭 땅으로 떨어진다

미국 사람 영국 사람 호주 사람
모두 놀라

비칠비칠 힐금힐금 뒷걸음치고

한국 사람 그 중에서 우리 일행들만
하, 민망스러바서 부끄러운 마음
캥거루 꼬리 뒤로 슬쩍 숨기고 말았다

잠시 머물다 간 백지 위에서

잠시 머물다 간
백지 위에서
무얼 생각하실까, 그대는

씨나락 까먹은
참새의 뛰는 가슴을
헤집어 본 적 있는가

시인이란 알량한 모자 하나
허수아비처럼 씌워 놓고
누워서 떡 먹듯 말씀만 하시지요

잠든 영혼과
눈먼 정서도 흔들어 깨우는
고독한 지성인 아니냐고?

어떻게 알겠는가?
습지에 빠져 동동거리는
나비의 심정을,
날밤 지새우는 허기진

부엉이의 슬픈 눈동자를

날카로운 발톱 잃어버린
독수리 한 마리
빈 하늘을 훔쳐보아도
이 빠진 호랑이가
서럽게 울어본들
숲 속 깊이 잠든 토끼가
눈뜰 리 만무하고

—그래, 그대는 시인이잖아
이슬을 먹고 사는 학처럼
겉도 속도 다 비우고 사는
청죽같이 꼿꼿한 선비잖아!

—그래, 그렇고말고
오늘도 시집 한 권을 곱게 싸서
아무개 선생님 혜존
저자 모모 드림. 꾹꾹 눌러 써서
공손히 드리고는 있지요

자계서원紫溪書院*

— 탁영濯纓 김일손 선생을 찾아서

내가 선생을 찾은 날
자계서원 온뜰은
하얀 눈 속에 묻혀 있었다

존덕사尊德祠* 마른 땅에
돗자리 깔고
촛불 밝히고
향을 사르고
공손히 두 번 절했다

이곳 저곳에 즐비한
추모비 살펴보며
26세 때 선생이 지었다는
두류산*을 읽어 본다

너무나 짧았던 생애
너무나 긴 발자취 따라
문득 5백년 세월을 앞에 놓고
나는 한 올곧은 선비를 만난다

내 머리는 자를 수 있어도
기록은 고칠 수 없다며
운계雲溪 맑은 물에 갓끈을 씻었다

천추에 맺힌 한이
사흘을 핏빛으로 흘렀다는
자계紫溪천을 바라보며
발길을 돌리는데

오래 된 은행나무 위에
까치 한 마리
원을 그리며 한참을 맴돌더니
창공을 높이 가른다.

*자계서원 : 탁영 김일손 선생의 사액서원이며 그의 스승인 점필재 김종직 선생이 지은 '弔義帝文' 이 화근이 되어 무오사화(연산군 3년)때 35세의 젊은 나이로 참화를 입으신 선생은 직필直筆로 일관한 사관史官으로서 현재 경북 청도군 이서면 서원동 자계마을에 모셔져 있음.
*존덕사 : 탁영 선생과 그의 조부 장조카를 모신 사당.
*두류산 : 지금의 지리산

영혼은 천상天上의 나래를 펴고

— 이호근 작가 사진 개인전을 축하하며

마침내, 그는
속살을 깊이 드러내고 말았네.
부끄러워 고이 감추어 온 그 속살을

타오르는 그 열정
어찌 감출 수 있었나요

어찌 숨길 수 있었나요
밤송이 익으면 절로 벌어지듯
송곳 같은 예지와 하해 같은 그 혜안을

조금은 외롭고 고독하고 힘들고
누군가의 어깨를 빌려 위로 받고 싶지만,
오늘은 상냥한 미소 한 묶음 보내드리고 싶네요.

찰칵, 찰칵 그의 손가락 끝이 울면
오색 무지개가 절로 피어 오르고
맑은 영혼이 우리들 곁을 찾아와
여름날 소낙비처럼 사바의 지친 영혼을
한 점 부끄럼 없이 말끔히 씻어주고 있네요.

언제 또 만날 수 있을까

그의 무대는
화려한 조명도 매혹적 의상도
열광적 행위마저도 찾아 볼 길 없습니다

가창력도
몸짓도 별것 아닌
그가

무엇으로
우리들 메마른 가슴에
심금을 울리고 있는 것일까

빡빡 머리에 헐렁한 티셔츠를 입고 깡마른 얼굴에 통 큰 기타를 안고 야자수 껍질같이 투박한 손길로 순탄치도 않은 그의 삶을 조용조용 뜯으며 가을비에 무료히 젖고 있는 나뭇잎처럼 금간 그의 영혼을 한없이 토해냅니다.
톰 존스 비틀즈 페티 페이지 등 수많은 단골 가수들을 애틋한 음색 하나로 불러내고 파파 할머니들 우 와와, 신청곡에 어깨춤이 절로 나오면 가객歌客이 따로 없고 가객佳客도 따로 없는 한바탕 춤판 노래판이 벌어집니다.

서양인이 절대다수인 수상 공연장에 웬일일까? 오늘은 아리랑 고개가 절로 넘어가고 덩달아 나도 뱃전에 몸을 기대고 서역만리 넘나드는 그의 눈부처는 무엇을 간구하며 딸그락 딸그락 질박한 목탁 두드리고 있는 것일까, 그런 생각조차 해 봅니다.

라마 라마
하얀 범선에 몸을 싣고

우리는
타부야 아일랜드 섬으로
이동하고 있습니다

주름진
그의 한 生도
파도 속에 잦아들고

불라, 불라!
언제 또 만날 수 있을까, 우리

*불라 불라 : 피지인의 인사말

시인이여

그리고 또 말하기를
그대의 시가 좋기는 하다
말할 수 있겠네요

살모사가 뽕나무 위에서
똬리를 배배틀고 순간 포착을
노리고 있는 듯한 그 말본새하며
생선가시가 목구멍을 콕콕 찌르는 듯한
그의 삶 그의 영혼
그의 고뇌 그의 슬픔
그것들 다 좋았다 말할 수 있겠네요

그러나 이따위 남루는 재발!
얼굴에 분칠을 하고 꼭두각시
놀음이나 하고 있는 엿장수에게나
던져 버렸으면 참 좋겠네요

긴 꼬리로 철썩철썩
쇠파리를 쫓으며 염치없이
똥을 퍼질러대는 황소

꽁무니를 따라가는 것이
차라리, 저 바람 속을 떠도는
집시가 되는 것이
한결 또 시원하겠네요

사시斜視

그 아줌마를 오늘 또
만났다. 사팔뜨기 눈으로
이곳저곳을 어슬렁거린다

시인이란 그 아줌마는
왜, 보이지 않는 것은 보고
보이는 것은 보지 않는 것일까
그것이 항상 궁금하다

세상은 삐뚤하게 보아야 한다고
한 수 가르쳐 주는 것인지,
시 한 구절 찾지 못해 그러는 것인지,

결코 나는 그녀를 사시로 보고 싶지 않지만
그녀가 마음에 눈을 크게 뜨고
내 마음의 눈까지 펄쩍 뜨게 하는
그런 시 한 수 지었으면 좋겠네 정말 좋겠네

제4부

사의 찬미

사死의 찬미

죽는다는 말 입에 달고 다니며 한 끼 밥 놓치지 않고 커피 마시고 음악 듣고 친구 만나고 책 보고 술 마시고 잠 잘 자면서 죽는다는 것이 다 무엇입니까 죽음의 그림자가 날름날름 혀를 내밀고 온 육신과 정신을 감싸고 돌 때 그때도 입가에 웃음꽃 활짝 피울 수 있나요 꽃 피는 봄날 삶의 의미도 모르면서 죽는다는 말만 염불처럼 달고 다니는 것 죄되지 않는 건가요 죽음 뒤에 또 다른 죽음이 있는 건가요 길을 가다가 시를 생각하고 전철을 타고 친척집을 갈 때도 불쑥불쑥 비겁한 자신을 위선의 자신을 깨물어 보며 허공을 둥둥 떠다니는 그는 무슨 이유로 오늘도 무거운 삶 짊어지고 헤매 돌고 있는 것일까

문득 생각해 보니

— 물리치료실에서

칠성판에 드러누워
매를 맞는다

어깨에 힘 한 번 준 적
없는데
앉지 말아야 할 곳에
엉덩짝 들이민 적 없는데
아니 가야 할 곳을
기웃거린 적 도대체 없는데

칠성판에 드러누워
어깨
엉덩이
종아리에 매를 맞는다

무릎 꿇지 않고
꼿꼿하게 걸어왔다고,
부르르 생살 떨며 전기 고문당한다

—언제, 염라대왕께서 호명이라도 하셨던가

창 밖에는
초겨울 찬비가 후득이는데,
이곳저곳에서
드륵 드르륵. 우륵 우르륵
매 맞는 소리 우레처럼 요란하다

검은 도포자락 흔들며
뿔 같은 두건 눌러쓰고
두 눈에 파란 불 달고
우두커니 서 있는 저승사자는
그림자도 보이지 않는데

—이곳이 저승이 맞기는 한가

언제 하세下世라도 하셨는지,
소맷자락 휘날리는 약사여래가
사푼사푼 걸어오더니 나긋나긋한 손길로
매 맞은 곳을 두루두루 애무해 주신다

문득 생각해 보니 저승도 별것 아니었구나!

칠성판에 드러누워
매 맞는 나에게 또 다른 내가
—한 마음 헹궈 볼 수 없겠냐
한 마디 던져주곤 어디론가
훨훨 날아서 간다

돌 돌 돌

보령 땅을 밟아보라
눈을 감고도 눈을 뜨고도 보고 말 것이네
온 산과 들
황금빛으로 출렁이는
여기도 돌, 저기도 돌
탈방거리며 떠들고 노는
돌들의 웃음소리 한숨소리에 놀라
반잔 하지 않아 절로 취할 것이네

어떤 놈은 일렬 종대로 사열 받고
어떤 년은 양발 벌려 벌서고
어떤 녀석은 송곳 같은 살 불쑥 세우고
어떤 계집은 골풀무같이 뜨거운 눈웃음만 날리네

부하에게 죽임을 당한
고매한 고려 장군
"황금 보기를 돌같이 하라"
한 말씀 남기셨다는데,
바로 서지도 못하고
바로 눕지도 못하고

모로 누워 버린 나는
푸른 하늘 푸른 들판을 향해
무엇을 띄워 올릴까

철없는 세상 철없이 돌고
마켄나의 황금이 상판을 치는
우수수, 낙엽 지는 애국자들 무엇으로 애국할까
말문을 닫고도
피로 대나무(血竹) 피워 올렸다는
슬픈 충절도 있었는데,
헝클어진 내 영혼으로 무엇을 맹세할까
굴리면 굴리는 대로 구를 수밖에 없는 돌
약방의 감초처럼 귀한 너에게 물어 볼까

살찐 젖가슴보다 부드러워진다는
이순耳順의 중허리에서
윙윙거리는 벌떼조차 쫓지 못하는 나에게
남은 탐욕 아직 있다면
백담사 맑은 물에 씻어나 볼까
토라져 돌아눕기 잘하는

그리움 한 움큼에도 볼 잘 붉히는
그 순順이나 되어 볼까

그대,
묵승墨僧이 보고 싶다면
두 말도 말고
보령 땅 밟아보아라
눈을 감고도 눈을 뜨고도
볼 수 있을 것이네
오석烏石처럼 하얗게 웃고 있는
그 짠한 모습을

길을 달린다

한 사나이가 길을 달린다
어둠을 뚫고 길을 달린다
길 없는 길을

동창은 이내 밝아오고
밤새워 길 태우던 나트륨 등도
긴 하품 토하며 꾸벅꾸벅 아침 인사를 한다

길은 줄기차게 이어져 있고
이 길로 갈까, 저 길로 갈까

반짝이는 이슬마다 영롱한 풀잎마다
크라이스트처치 공원 숲의 배릿한 향香을 마시며
가야 할 길 가늠해 본다

지구 저쪽 한 무덤가에는
쪽진 머리에 아미를 깊이 숙이고 있는 지어미를
지그시 바라보는 그의 지아비가
아지랑이처럼 모락모락 담배 연기 말아 올리고 있을까
붉은 봉분 위에 할미꽃 한 송이는 피어났을까

누른 잔디는 파릇파릇 속눈썹 내밀고 있을까

그렇다. 한 마음 크게 뜨고 보면
여기가 저기고 저기가 여기인 것을
그렇고말고, 보이는 숱한 상념이
반짝반짝 보석처럼 빛나는
길을 잃고 헤매는 것조차 언젠가는
돌아가고야 말 또 다른 고향 길임을

나는 내 소중한 아내와 동료들에게
신음처럼 쏟아놓는다
길은 항상 길 위에 있고
산사의 푸른 종소리가 가슴에서 가슴으로
은은한 파문을 남기며 —조국은 조국이고
한국인은 한국인일 뿐이라는
엄연한 그 사실들을 낱낱이 고해 바친다.

공해야! 공해

시라고
쓰고 있느냐
아직도 하작거리며

아무리 뜯어 보아도
아름다운 은유 한 구석 없는
그 알량한 시를

그대 두 눈 비비고
누구의 눈물을 닦아 주려나 오늘은
향기 나는 휴지로 누구의 슬픔을 닦아 주려나

두 손 곱게 모으고
보이지 않는 저 별을 바라보려마
차라리, 그 어설픈 붓일랑 꺾어 버려라

그리고
너에게 주어진 길을 그냥 가거라
쓸쓸히 걸어 가거라

그대여!
파리 한 마리도 잡지 못하는
그 파리채랑 이제 놓아 버려라. 제발

고백

볼링황제 피트 웨버에게
세계 최고가 된 비결을 묻자
싱거운 모범 답안이 돌아왔다
―연습 이외에 별다른 방법이 없습니다
연습 또 연습이죠
아버지가 돌아가신 뒤 생각했죠
삶은 어차피
계속되는 것이고
살아 있는 동안엔 하루하루
열심히 사는 것만큼
중요한 것은 없다는 것을요
나는 조선일보에서
이 기사를 읽고
보다 더 절절한 삶
살아본 적 없음을 실로 고백합니다.

가끔 그럴 때가 있다

난 무얼 하며 살아 왔는가
아지랑이 피는 봄날
멀쩡한 친구 꼬드겨 가출을 도모하고
가끔 그럴 때가 있다
난 무얼 바라며 살아 왔던가
뙤약볕 내려쬐는
긴 여름 신작로를 타박타박 걸어가며
이 길로 가기만 하면
훨훨 날아갈 수 있을까
가을날 자지러질 듯 물드는 그
황금빛 들녘을 폭신한
침대로 착각하고 혼자
부끄러워 운 적도 있었지
겨울밤 눈 위를 폴짝폴짝 뛰어다니다 문득
이대로 내가 사라진다면
몇 시간 후부터 야단법석이 날까
나를 찾아 헤매는 모습 상상하며
고소한 웃음 날려 보기도 했었네

놀랍다

고추잠자리 떼지어
빈 하늘을 맴돌고
까치는 깍깍, 매미는 맴맴
아, 여름이 무럭무럭 익어가는
비 개인 오후 한 때

철 지난 장미 한 송이
반 쯤 웃고
조무래기들 등나무 줄기를 타고
타잔처럼 우는데
군데군데 얼룩무늬의 웅덩이에
흰 구름이 흐르고
겨우 피어난 봉숭아 낯빛이
너무 애처롭구나

그제 깎아준 잔디가 파르란
머리 내밀고
달포 전에 옮겨 심은
무화과 넓은 잎새는
보석방울을 매달고

개망초 들국화 도라지
나팔꽃 해바라기 무궁화
펄펄, 살아 숨 쉬는데
햇살은
질경이 쑥부쟁이 강아지풀조차
토닥토닥 등 두드려 주네

놀랍다. 참으로
너희들 모습이 되려
사람보다 났구나
오늘을 동동거리며
단달 봉사로 살아가는
나보다 났구나
등나무 아래 벤치에 홀로 앉아
담배 한 개피 피우는 사이
무작정 내리던 비 그치고
모두들 제 모습 찾기 바빠지네

추석

그것이 마냥 걱정이었네
그때는

소를 먹이러 산으로 갈 수도 없고
기름끼 짜르르 흐르는 햅쌀 같은 풀로
한 상 잘 차려 주고 싶지만

게으름뱅이인 내가 이 잡듯
논두렁 밭두렁을 수색해 봐도
백고를 치듯,
누군가 벌써 다녀가셨네

어디서 구해 볼까?
우리 집 황소가 먹을 맛있는 꼴을

노랗게 물든 콩이파리
한 잎 두 잎 따 모으고
겁이 나서 엄두도 못 내던
창포가 비수처럼 날을 세우고 있는
상여집 건너 깊은 웅덩이에 풍덩,

한 몸을 던져 보면

꼴망태 채우기는 식은 죽 먹기라
양 어깨는 절로 가벼워지네

지지미 냄새가
폴짝폴짝 안마당을 뛰어다니고
아버지는 쓱, 쓱 부엌칼을 갈고

나는 쪽마루에 걸터앉아
푸른 대나무로 산적꼬치를 다듬고

고모는
정지 앞에 쪼그리고 앉아서
기왓장 곱게 갈아 짚에 버무려
파란 놋그릇을 달처럼 닦아 내면
두 귀를 쫑긋 세운 검둥이도
왔다갔다 꼬리 흔들기 바빠지네

가을 그 소리

또르르 또르르
귀뚜라미 가을을 터는 소리

하늘의 별들이
고독이, 그리움이

차르르 차르르
참깨처럼 쏟아진다.

사부작 사부작
가을이 속옷 갈아입는 소리

또 가을이 오는 소리

쓸쓸한 것이 어찌,
계절만이라 말할 수 있나요
뒹구는 잎새의
아픔이라 말할 수 있나요
뒤 돌아보면
그리움은 언제나 하얀 촉루로 빛날 뿐,
몸부림조차 뿌리치고 돌아서는
여름의 길목은 더욱 쓸쓸해
결코, 아무 말하지 않네요
청춘이 돌아서는 뒷모습은
언제나 허무만 잉태할 뿐,
누구나 한 번씩 앓고 마는 열병처럼
여름이 떠나간 빈 자리 꼬르륵 꼬르륵
횟배 앓는 소리로 들려올 뿐,
가을은 또 사부랑 사부랑 오고야 마는 것을

가을 노래

귀뚜라미 한 마리가
애절한 곡으로
한 소식 전해 주는데

깜짝 놀라 두 귀 공손히 모시고
살금살금 다가가 보았더니
어느새 울음 뚝, 그쳐 버리고

밖에는 별 볼일 없는 중생 몇몇이
옥신각신 허무의 구덩이 파는
소리만 들려오고

그곳은 아마,
저 숲 속 아닐까
아파트 1층 환풍기가 있는
어둠 속 아닐까,
또 아니면 말라 버린
집수정 속일지도 몰라

도무지

가늠조차 할 수 없어
딱지 앉은 귀만
만지작거려 보지만

하늘에는 뭉게구름이
잠시 쉬어가고
고추잠자리 한 마리도 덩달아
높이 날아 오르고

보라! 여름이 결코
그냥 가지도 않는 것을
너는, 오늘도
소리 높여 가을을 불러 보지만

삼복을 털며
높은 산 올라보지 않은
사람의 몸으로
어찌 알 수 있으랴!

낮잠 자는 바람조차

마음을 비웠을 때
비로소
시원함을 날려 보낼 수 있음을,

또 귀뚜라미가 울음 울고
나는
고독을 길게 끌며
가을 앞에 우뚝 서 본다.

밝은 빛이 되소서

— 월간 『아파트문화』 창간에 부쳐

지금은
한 송이 꽃을 피울 때가 되었습니다

척박한 이 땅에
깊게 뿌리를 내리고
질시와 저주와 반목은
화합과 희망과 기쁨으로 충만한
그런 꽃 한 송이 환하게 피울 때가 되었습니다

더러는 바람이
살 속을 헤집고
때로는 눈비에 온몸을 떨기도 하겠지만,

어느 한 날
보이지 않던 봄이
소리 없이 우리들 곁을 찾아들 듯

아파트와 아파트 사이에
아름다운 문화의 꽃이 피어나고
사람과 사람 사이에 인정이 천 년의 세월로 흐르고

거리거리마다
가가호호마다
온 누리에 꺼지지 않는
지혜의 등불 하나 밝혀 들고

오늘도 내일도 또 내일도
그대를 소망하는 모든 이들에게

솟구쳐 오르는 한 줄기 샘물처럼
풀잎에 맺힌 영롱한 아침 이슬처럼
어둠을 뚫고 솟아오르는 밝은 빛이 되소서!

늘 푸른 나무로 우뚝 서소서

— 장석준 선생 고희연에 부쳐

여기
노송 한 그루 우뚝 서 있습니다.

까칠까칠한 피부에 희끗희끗한
고뇌는
한 줄기 긴 강물로 흐르고

피 멍든 세월은
깊은 옹이로 박혀
거제 앞 바다에서 남실남실
춤을 추며 놀다가

음력 정월 열이튿 날
벼락산 호통 소리에 놀란
학 한 마리 창공을 높이 날아

둔덕면 학산리
한 초가에
기쁜 소식 한 마디 전해 주었습니다.

봄 여름 가을 겨울이 가고
또 가고
오고 또 오면서

바람이 뿌려준 씨앗들은
세 송이 슬하로 튼실하게 자라나
풍성한 대지에 뿌리 내렸고

지천명 어느 한 날은
고향으로 급히 돌아가라는
청천벽력의 선고를 받고
파르르, 온 몸을 떨기도 했지만

깃털처럼 가볍게
황소처럼 무겁게
비운 마음은 허공에 걸어 두고

하늘의 명에 따라
오늘도 한 그루 노송으로 남아
무심無心을 앓고 있답니다.

그래도 너는 효자라

청죽처럼 푸르던
스무 살
어린 네가

오늘은 웬일로
마른 풀잎 위에 누웠는가

그래도
너는 효자라

차가운 얼굴 위에
또르르,
눈물 한 잔 따른다.

*시작노트
2008년 12월 어느 날 오후 대전 국립묘지를 찾았다. 차가운 비석 위에 한 잔 술을 뿌리고 담배 한 개비 물려주며 친구는 염불하듯 중얼거렸다. ―육군 병장 조성익, 너는 죽어서도 나에게 효자다. 우리는 쪼그리고 앉아 홀짝 홀짝 소주 한 잔씩 마시고 말없이 그 곳을 떠났다.

제5부

바람아 불어다오

바람아 불어다오

— 신복2리 시편

신나게 달리고 있었지요
북한강변을

그때,
상큼한 바람 한 잎이
팔랑팔랑 따라오고 있었는데요

세 살박이 외손녀가
고사리 손을 내밀어
퐁당, 퐁당 바람을 퍼 올려

늘 하는 놀이처럼
할아버지 할머니 순으로
자꾸자꾸 먹여 주는데

9월 푸른 강변 길을
자동차는 미끄러지듯
신나게 달려만 가네요

한판춤

예정에 없는
춤판 벌어졌네.

한여름 밤
육순 할머니와
세 살배기 외손녀가
들썩 들썩 어깨춤 춘다.

낙양성 넘어가니
푸드덕, 푸드덕
산비둘기 날아오르고

까투리 장끼 놈
사랑 다툼 한참인데

강릉이라 경포대
두둥실 달 떠오르고

카멜레온

어느 날
네 살 먹은 외손녀가 물었다

할아버지,
카멜레온이야

뭐라고?

할아버지,
술만 먹으면 얼굴색이 변하잖아

시시로 변하는 내 마음을
네가 꿰뚫고 있었네

심우尋牛도 아닌
모르스 부호 한 마리 몰고

어디로 갈 것인가
무엇을 찾을 것인가

사진 속에는

쫑긋,
귀를 엿듣고 있다
할머니와 외손녀가

사랑 한 잎
눈물로 칠갑을 하고

목울대 적시던 그 사랑 한 잎
활짝 피어나

한 생각이
소매 끝에서 하르르 떨 때
서슴치 말고 돌아와 달라는

그 비원
듣고 있는지,
한참을 엿듣고 있다

잘 가고 또 오마
헐레벌떡 흔드는 손에
사랑 한 잎이 툭 떨어지네

정각에 이르는 길

할아버지 이거 뭐야
응, 모기장
모기장이 뭐야
모기의 진로를 방해하는 거
그런데 왜 모기가 없어
아직은 여름이 주춤거리니까

그래그래 자꾸 물어라
그것이 정각에 이르는 길이라
일찍이 부처님도 말씀하셨다

정각은 뭐야! 할아버지
응, 너의 궁금증에 종지부를 찍지 마라
그런 뜻이지, 이제 깨달았어

외손녀는
금세 꿈속을 달린다

물을 의지도 없는 나는
적막강산이다

조간신문에서
출산율 하락 기사를 보고
걱정중인데

앞산인지 옆산인지
모를 곳에 새 한 마리
무엇이 궁금한지 어, 꼭 어, 꼭
어, 꼬옥 자꾸만 물어댄다.

산 속에서나 찾아봐유

— 신복2리 시편

오빠! 슬슬 한 바퀴 돌아볼까요
유명산 자락을 끼고
우리는 한 10분을 달렸지

언덕 위에 하얀 집을 지어놓고
손님을 유혹하고 있는 초원 공인중개사

어디 늘그막에 의지처로 살아갈
땅뙈기 하나 없을까요
심드렁한 눈길로 한 1억은 있어야
보다 좀 싼 것은?
도무지 그런 것은… 하, 죄송하네요

오빠. 다른 곳을 찾아볼까요?
—그만 돌아가자
이렇게 와서 놀다 가면 되었지,
마음 속에 하얀 집 짓고 살면 되는 것을

오빠, 아무래도
산 속에서나 찾아봐야겠네요
입맛을 쩍쩍 다시며 나도 —그렇고 말고

하늘아, 별아

— 신복2리 시편

빈 그릇만 핥고 있던
개가 살판이 났다
주인이 와서 목줄을 풀어주니
온 들판을 뛰어다니며 자유를 만끽한다.

고스톱 때리는 소리에
산촌의 밤은 깊어가고

감미로운 술과
혀끝을 녹이는 안주로
이야기꽃을 피우다 말고
그는 밖으로 나가더니

긴 생生을 토해내듯
가래톳 선 목소리로
하늘아! *별아!
온 밤 하늘을 애절하게 흔든다.

*하늘 · 별 : 개 이름

빨간 우체통
— 신복2리 시편

편지 대신
따끈따끈한 알을 품고 있었네
빨간 우체통이

작은 새 한 마리 포르르 날아
겨우 눈 비비고 있는 은행나무 잔가지
살포시 흔들고

콩알보다 더 큰 알 두 개는
새큰새큰 오수에 빠졌는데
어미만 남아, 들락날락 미래의 아들 딸 지키네

내가 키우던 그
파랑새 한 마리는
어디로 날아갔을까

꿈을 품고 있는
작은 우체통 찬찬히 들여다보며
비 오는 오월은 참 좋다는 생각입니다

무정 세월

— 신복2리 시편

문인석도
무인석도, 도대체
사라져 버린 무덤은
방초만 무성하다

세월을 파고드는
밤바람소리 무심하다

별을 부르는
쉰 목소리 서럽다

자손이 더
무섭다

내 영혼을 깨워
어디다 버렸느냐

상석 위에
천년 이끼 무상하다

오늘, 비로소

— 박세희 시인 결혼식 날

사랑이란 말하지 않겠습니다
행복이란 말하지 않겠습니다
긴 대화란 말하지 않겠습니다
과일처럼 달콤한 것이라 말하지 않겠습니다
혼자서는 인간도 아니란 말 하지 않겠습니다

다만, 오늘

눈을 감고도 감히 하늘을 볼 수 있는
일찍이 내일을 약속할 수 있는
그런 말 한 마디 하고 싶습니다
그런 말 한 마디 꼭 하고 싶습니다

오늘, 비로소

뇌성雷聲

한 번 보시겠습니까?
주치의 신 박사가
청록색 보자기에 싸온
핏덩어리 살을 불쑥
들어 올리며 그림을 그려가며
수술 결과를 설명한다

시뻘건 그 살 속을 비집고 들어가
결코 간단치만은 않은
그의 인생과
그의 고통을 응시한다

성공적으로
그놈을 들어내었습니다만
아직도
세 번의 고비를 넘어야 한다고
엄포를 놓는다

지그시 눈을 감고
나에게 말을 걸어오는

그것은
생각도 하고 보기도 하고
말도 하는
엄숙한 존재였을 뿐,
결코 유태인이 요구하는 그런
살덩어리일 수는 없었다

갑자기
오늘 하루가 시위 떠난 화살처럼
절로 바빠진다

꺼덕꺼덕

벌떡,
일어나이소

고개만 꺼덕꺼덕

내년 묘사에
꼭 간다믄서요

또 꺼덕꺼덕

생의 끈을
놓지 않으려 발버둥쳐 보지만

손발이 꽁꽁 묶여
겨우 무릎만 꼬무작거린다

우리는 이렇게
하직하고 마는긴가요

'만나면 헤어지고

헤어지면 만난다 했으니'

머지않아 또,
안 만나겠능기요

겨울 나그네

포르르,
새 한 마리
날아갔습니다

어느새
보이지 않습니다

파랑새 한 마리
창공을 차고
돌아갔습니다

뒤돌아보지는
않을 것입니다

너무
높고, 멀고, 아름답기
때문일 것입니다

원 왕생

죽음은
또 다른 생으로
떠남을 보이는 것이다

에고— 에고, 어이— 어이
곡소리만
빈 하늘에 울려 퍼진다.

願 往生 괜찮다 다만
죽음은 웃음인 것이다
죽음은 떠남을 내보이는 것이다

원 왕생 다 괜찮다
죽음은 억지로 간질이고
쓴 웃음 짜내는 피에로처럼
우리에 갇힌 원숭이 같은 것이다

남은 자들은
향기로운 꽃으로 피어나고
죽은 자는 다만 눈보라 속으로

쓸쓸한 미소 띠우며
멀어져가는 것이다

가는 자의 말씀

굳이 말한다면 참으로 다행이라 나는 지그시 눈을 감고 내가 가야 할 곳으로 가련다 차마 한 마디 말도 못한 채 슬픈 웃음 웃으며 손 흔들며 흔들며 만 리 이별을 짓는 모양들을 희미한 눈으로 보고 있구나 무엇을 위해 한 생을 놓지 못하고 줄기차게 삶의 끝자락 움켜쥐고 조마조마 석양 같은 희망을 걸고 버둥거렸는지 굳이 묻지는 말아다오 말없이 말하고 보지 않으면서도 보는 세상에서 이제 그만 편히 잠들고 싶다 제발 이 깊은 잠을 방해하지 말아다오 그럼 그렇고말고 아이고 시상에 이런 일이 다 어딨노 고맙다 고맙다 웃음으로 나를 보내주어서 슬픔을 깊이 묻고 만면에 웃음으로 나를 보내주어서 기화요초가 꽃 피는 곳 내사 마 그래서 고맙고 고마워서 절로 웃음꽃이 다 핀다고 말하네 기뻐서 어깨춤이 절로 나오네 나의 마지막 말씀이라면 죽음은 웃음이고 웃음은 기쁨이고 그래서 슬프면 오히려 웃음이 나오는 것이라네 이곳은 그곳 세상과 멀어 기적 같은 소리도 들리지 않는 조용한 곳이다 희희낙락 소리도 들리지 않는 평안한 곳이다 어찌 슬픔마저 없을까마는 마음은 늘 따뜻한 곳 그윽한 풍광이 백년을 다 지나도 변치 않는 그런 곳이다 구중궁궐 같은 곳 어느 봄날 쾌지나 칭칭나네 둥실 둥실 어깨춤이 절로 나오는 웃음 꽃밭일세 하늘세계라 말하기도 하고 누구는 연꽃을 활짝 피우고 그 향기가 멀수록 그윽한 곳이라 하지만 지상의 숨통마저 귀양당한 적소마냥 기뻐 날뛰는 모습 보이지 않는 이곳을 왜 몰라 왜 몰라 한 순간도 아닌 안도의 숨 푹 몰아쉬는 이곳도 모른단 말인가 나도 모르게 감싸 안은 내 영혼 무사하구나 용케 상하지 않은 내 영혼이 숨 쉴 이곳은 바로 나의 정토 망설이다 창졸간에 떠나는 바람에 이제는 가자고 등 떠미는 바람에 허둥지둥 고단한 먼지 털어내며 이승의 끈 놓고 말았다네 아기가 엄마 손을 놓듯 그렇게 말이다 도대체 이 마음 두어 차례 눈물을 흘리기도 하였지만 이제 만인의 축복 속에 내 깊이 잠들고 싶다 잠들고 싶다

몰래 피우는 담배

허연 반달이

허연 연기를
맛나게 내뿜고 있는
나를 내려다보고

아직도, 하며
가소롭다는 듯
기특하다는 듯

허연 웃음만 날리네

*시작노트
어둠 속에 빛이 있고 이순의 중허리에서 허연 낮달을 바라보니 내 삶 또한 허허롭기만 하고 몰래 피워본 담배 한 가치의 향이 너무 짙어 지구가 핑그르르 돌 것만 같다.

빛나는 이미지즘으로서의 순수미의 승화

홍윤기
한국외국어대학교 [한국시] 담당교수
일본센슈대학 대학원 국문학과 문학박사
국제펜클럽 한국본부 고문

독일 시인 라이너 마리아 릴케(Rilke, Rainer Maria 1875~1926)는 프랑스 파리에 가서 조각가 로댕의 아트리에에서 일하며 예술적 조형력과 신비를 터득했고, 사물의 내적 본질에 접근이라는 인상주의의 시적 세계를 터득하면서 시를 썼다. 그 무렵 릴케는 "인간의 궁극적인 삶의 진실이 메타포(metaphor/ 은유)된 릴리시즘의 시를 나는 과연 평생에 몇 편이나 쓸 수 있을까. 로댕 선생의 조각 작품의 오브제가 내게 시는 될 수 없으나, 그 공간을 싸고 도는 순수한 정감은 역동성 위에서 이루어지고 있었다. 나는 그 공간에서 시적 언어의 진실을 꿰뚫는 야무진 이미지를 줍느라 허덕였다. 조각가는 전부를 돌에 새기듯이 시는 언어로써 전부를 조형해야만 하지 않을까" 하며 [신시집](Neue Gedichte, 1907)을 낼 당시 감명 깊은 일기를 썼다.

필자는 박영수 시집 [사랑 한 잎] 원고 뭉치를 여러 날 두고 거듭 읽으며 이런 릴케의 순수한 인스피레이션(靈感)과 시창작의 굳센 의지를 읽을 수 있었다. 박영수 시세계는 요즘 좀처럼 찾아보기 드문 릴리시즘(lyricism)의 인스피레이션이 번뜩이는 시적 진수를 여실하게 맛보게 하고 있다. 박영수의 작품들은 형상미적形象美的 독일 로맨티시즘(romanticism, 낭만주의)의 대가였던 이미지스트 시인 '라이너 마리아 릴케'의 서정미 넘치는 삶의 진실 추구 이미지와 일맥 상통하고 있는 시적 자세를 물씬하게 느끼게 하고 있다.

따지고 볼 것도 없이 로맨티시즘의 시세계는 센티멘탈한 표현법이 어느 면에서는 그 특징이자 매력이다. 그러나 박영수 시인은 오히려 센티멘탈한 세계를 다채롭고 뛰어난 발상법發想法을 통해 세련되게 극복하는 테크닉(기교)이 두드러진 뉴릴리시즘(新抒情主義)의 빼어난 시인인 것을 잘 보여주고 있다. 읽고 다시 읽으며 박영수 시집에서 7편을 선정하여 다양한 각도에서 그 내면 구조를 천착해 보기로 했다.

헐레벌떡 달려간다
석양이 곱게 물든 들판 길을

맨발로 달려간다

빈손으로 와서 젖 먹던 힘 다하여
달려간다

피는 흘릴수록 맑아지듯
달릴수록 맑아지고 있는 것인가. 네 마음도

— 〔질주〕 전문

[질주]는 새로운 심미적 한국 현대시단의 뉴릴리시즘 도출의 전형적인 작품이다. 항상 필자는 현대시는 메타포라는 것을 강조해 오고 있다. 왜냐하면 현대시는 이야기의 나열이 아니기 때문이다. 시의 오브제(objet/ 프, 美를 표현하는 소재로서의 대상)를 능수능란한 메타포로써 독자들에게 강력하게 전달시킬 때 그 시인의 역량은 높이 평가될 것이다. 그것이 곧 유능한 시인의 인프라(infrastructure/ 기초구조) 구축 작업이다.

시를 잘 쓴다는 것은 그 시인이 시어詩語에 억눌리고 있는 것이 아니라, 오히려 시어를 지배하는 작업을 하고 있다는 관점에서 "헐레벌떡 달려간다/ 석양이 곱게 물든 들판 길을// 맨발로 달려간다// 빈손으로 와서 젖 먹던 힘 다하여/ 달려간다// 피는 흘릴수록 맑아지듯/ 달릴수록 맑아지고 있는 것인가. 네 마음도"라고 도치법을 써서 단순 표현을 극복하는 솜씨도 시어 지배자의 당당한 자세다. 수사적으로 역동적인 능란한 상징적 하이포벌(과장법) 수법으로 온갖 아픔을 세련되게 초월하고 있다.

필자는 [질주]에서 오랜만에 이미지가 강한 빼어난 순수서정의 형상미적 표현미와 마주치게 된 느낌이다. 박영수 시인은 인생의 깊은 삶의 내면 세계를 사랑의 참다운 의미 추구라는 그 나름대로의 새로운 테크닉으로써 다양한 이미지를 눈부시게 천착하여 메타포하고 있어 우리를 감동시킨다. [질주]는 단숨에 몰아치는 박진감 넘치는 이미지 처리가 차분하게 무리없이 전개되고 있는 서정적 발상發想이 안정된 한국시단의 보기 드문 가편佳篇이다.

마침내 그 비가
속살마저 두드리고 말았네.

다시 못 올 길인 듯
빈 가슴 후려치는 그 빗속을 뚫고
무엇을 바랐던가. 우리는

한 때의 사랑과 기도
그리고 고독조차 한 입에 털어 넣으며
말없이 비의 성찬을 즐기고 있었지

비는 줄기차게 마음의 빈 창을 때리고
한 잎 사랑마저 주체하지 못한 나는
기껏 맥주 한 병으로 외로움을 달래 보았지

이 날이 가고 나면
우리들 청춘은
다시 올까

보리 까끄라기처럼
빈 마음 콕콕 찌르는
한 줄기 희망은

등줄기에 밴 땀처럼 흘러내리고
뚜두둑 떨어지는 내 소중한 갈망을
하마 받쳐 주고 있었네. 가을비 우산이

— 〔비의 성찬〕 전문

[비의 성찬]이야말로 결코 겉으로는 거창하지 않으면서도 내실한 삶의 진실 추구가 독자를 다시금 감동시키고 있다. 청빈한 삶은 누구에게나 떳떳하고 자랑스럽다는 것을 잘 보여주는 시인의 진지하고도 아름다운 시적 탁마의 자세가 번뜩인다. 인생의 사랑과 삶의 진실을 추구하는 시적 작업은 너무도 소중하다. 나는 일찍이 박인환(朴寅煥, 1926~1956)에게서 6.25 직후 전쟁의 폐허에서 술을 마시며 "지금 그 사람 이름은 잊었지만/ 그 눈동자 입술은/ 내 가슴에 있네// 바람이 불고/ 비가 올 때도/ 나는/ 저 유리창 밖 가로등/ 그늘의 밤을 잊지 못하지" ([세월이 가면], 1~2연)하며 불안한 시대의 우수 어린 감상적 시를 쓰던 모습과 오늘의 21세기 이른바 고도산업화高度産業化 사회에서 오히려 소박하고 절제된 삶의 양식樣式을 새로운 시의 오브제로써 참신하게 추구하는 [비의 성찬]을 독자들과 외우고 싶다.

"마침내 그 비가/ 속살마저 두드리고 말았네// 다시 못 올 길인 듯/ 빈 가슴 후려치는 그 빗속을 뚫고/ 무엇을 바랐던가 우리는// 한 때의 사랑과 기도/ 그리고 고독조차 한 입에 털어 넣으며/ 말없이 비의 성찬을 즐기고 있었지" (1~3연)라는 박영수의 낭만과 인생의 노래를 많은 한국 시인들에게 절실하게 알려주고 싶다. 어쩌면 박인환에게는 아픔의 역사를 고뇌하며 시를 쓰고 폐허의 상처를 앓기에는 견딜 수 없어 그 위안제로 센티멘탈한 낭만적인 노래가 있어야만 했는지도 모른다. 그러나 그것이 그 시대의 산물이었다면 오늘의 시인 박영수에게는 [비의 성찬]이 변화가 아니라 새로운 시대에 걸맞는 릴리시즘의 값진 작업이며 현대적 리얼리티의 새로운 메타포일 것이다. 박영수는 삶의 현장을 투시透視하며 생생한 이미지의 승화로서의 리얼한 시어의 접사接寫를 하고 있다. 이 시야말로 삶의 아픔을 극복하려는 소박한 내실의 진실 추구가 독자의 가슴을 잔잔히 울려주고 있다. 또한 여기에서 시인의 거짓없는 진지한 시적 탁마의 자세가 빛나고 있다.

또르르 또르르
귀뚜라미 가을을 터는 소리

하늘의 별들이
고독이, 그리움이

차르르 차르르
참깨처럼 쏟아진다.

사부작 사부작
가을이 속옷 갈아입는 소리

— 〔가을 그 소리〕 전문

유능한 시인의 기준은 무엇인가. 그것은 남들이 지금까지 미처 바라보지 못하는 사물을 새롭게 투시하는 능력을 가진 시인을 가리킨다. 남이 모두 함께 바라보고 있는 콘텐츠(contents, 내용)를 시라고 써놓아 본들 과연 무슨 가치가 있을 것인가. "또르르 또르르/ 귀뚜라미 가을을 터는 소리// 하늘의 별들이/ 고독이, 그리움이// 차르르 차르르/ 참깨처럼 쏟아진다// 사부작 사부작/ 가을이 속옷 갈아입는 소리"는 분명 한국시단 가을 시의 새로운 명시다. 남이 지금까지 찾아내지 못한 이미지의 세계를 꿰뚫어내어 그것을 새롭게 메타포해낼 때의 그 시의 참신한 새로운 창작성과 존재 가치는 성립되기 마련이다. 박영수는 남들이 눈으로 보지 못하는 가을의 풍정을, 그 내면의 오브제를 새롭게 끄집어내서 눈부시게 잘 보여주고 있다.

사람은 누구나 고독하다. 인간이 외롭다고 하는 콘텐츠, 즉 고독하다는 것은 곧 인간이 이 세상에 존재하는 근본적인 이유라는 것을 박영수가 가을이라는 계절의 내용을 알기 쉬운 서정적인 시어로 깔끔하게 묘사한 가편이다. 시는 이렇듯 누구나 알아 듣기 쉬운 이미지(image, 마음의 모습)로 표현하면 된다. 그러나 쉬운 시 속에 참다운 삶의 의미가 담길 때 그 시는 더욱 우리의 마음 속에 와닿으며 빛난다.

이와 같이 새로운 시세계를 독자에게 보여줄 때 우리는 그 시인을 유능하다고 평가하게 된다. 또한 마지막 연에서 "사부작 사부작/ 가을이 속옷 갈아입는 소리"는 "사부작 사부작"이라는 의성과 의태의 청각 표현과 더불어 "속옷 갈아입는 소리"라는 시각과 청각의 묘사는 청정한 가을 이미지의 절창이다. 이런 새로운 메타포는 지금까지 한국 현대시에서 찾아 볼 수 없는 새로운 메시지이다. 오늘날 시인들이 시의 본령을 저버린 시를 반성도 없이 쓰고 있는 현실을 직시할 때, [가을 그 소리]와 같은 진선미의 순수시 작업은 마땅히 높이 평가될 일이다.

눈물겨운 사랑 한 잎
여기 있었네

느껴,
목울대 적시던 그
사랑 한 잎 곱게 피었네

한 생각이
소매 끝에서 하르르 떨 때

그때는
제발 돌아와 주세요
서슴치 말고

잘 가고, 또 오마
헐레벌떡 손을 흔드네

— 〔사랑 한 잎〕 전문

*서울시 금천구 시흥5동 소재 삼성산 공원에 건립된 박영수 시인의 시비에 새겨진 시임

박영수 시인의 이 작품은 사물을 순수한 비유의 대상으로 설정하고 한국인의 오랜 정한情恨의 세계를 새로운 현대적 시각에서 감각적으로 이미지화하는 솜씨가 빼어난 시

이다. 일찍이 1923년에 [진달래꽃]을 통해 김소월이 한국 근대 서정시를 7.5조 바탕의 민족적 정한情恨의 노래로써 처음 엮어낸 이래 박영수의 새로운 릴리시즘(lyricism, 서정미)은 자못 우리를 감동시키기에 족한 21세기의 세련된 형상화 작업이라 평하지 않을 수 없다고 본다.

오늘의 현대시에게 주어진 과제는 다양하다. 한국 현대시 1백년사를 통해 수많은 소재가 시의 제재題材로서 동원되었다. 이제는 우리 시단에서 무엇이 새로운 것이냐가 논의되는 시기에 이르렀다. 그런 견지에서 박영수 시인의 [사랑 한 잎]은 필자의 눈길을 끌어준 가편佳篇이다.

"눈물겨운 사랑 한 잎/ 여기 있었네// 느껴/ 목울대 적시던 그/ 사랑 한 잎 곱게 피었네"(제1~2연)라고 화자는 '사랑 한 잎' 을 동원하여 서정적으로 자아를 성찰하며 사랑의 진실이 무엇인가 진지하게 천착하고 있다. 오늘의 이 어지러운 시대에 있어서 요청되는 것은 자아 실존의 참다운 의미로서의 사랑의 가치 창출이 아닐 수 없기 때문이다. 그러기에 "한 생각이/ 소매 끝에서 하르르 떨 때// 그때는/ 제발 돌아와 주세요/ 서슴치 말고// 잘 가고, 또 오마/ 헐레벌떡 손을 흔드네" (제3~5연)라는 순수한 아포리즘(aporism)의 서정적 미학이 이 한 편의 사랑시를 우리가 뜨거운 가슴에 담아보게 된다.

참다운 사랑의 진선미를 추구하는 [사랑 한 잎]의 작업은 김소월 이래 오늘에 이르는 길목에서 자못 값지고 성과있는 작업이다. 진선미에서의 진眞은 서로간에 거짓이 없는 '사고와 존재의 합치' , 곧 '진리' 의 시어, 즉 지금까지 찾아볼 수 없었던 새로운 '노래' 의 구축이다. 거기에 수반되는 것은 두 말할 나위없이 순수하고 선량한 선善과 그것이 빛어내는 아름다움인 미美이다. 그러기에 박영수의 참다운 사랑시 시작업은 앞으로 값진 '진선미의 노래'로서 평가될 줄로 안다. 사랑의 인생론적, 상징적, 감각적 새로운 세계 구축 작업이기 때문이다.

한 7부 능선쯤 내려왔을까
아카시아 찔레꽃 펑, 펑
향기 터뜨리는 소리에 취해

비틀거리며 벌름거리며 흥얼거리며
어머니가 쪄 준 빵떡을 생각하며
버들피리 보리피리 소리 들어 보네

아래로만 하얀 등불 밝혀주는
귀룽나무 꽃 그 똘망똘망한 눈들이
나를 쳐다보며 임臨하라,
더 낮은 곳으로 임하라 일러주네

— 〔낮은 곳으로 임하라〕 전문

[낮은 곳으로 임하라]는 새로운 아포리즘의 시작업이다. "한 7부 능선쯤 내려왔을까/ 아카시아 찔레꽃 펑, 펑/ 향기 터뜨리는 소리에 취해// 비틀거리며 벌름거리며 흥얼거리며/ 어머니가 쪄 준 빵떡을 생각하며/ 버들피리 보리피리 소리 들어 보네"(제1~2연)라고 5월 산의 하산 길의 과정을 설정하여 인생훈의 이미지 도출을 위한 세련된 간결한

시어로 연상적인 표현미를 살리고 있는 [낮은 곳으로 임하라]는 메시지는 명령형이라기보다는 오히려 자아 성찰의 삶의 진지함이 설득력을 발휘하고 있다.

"아래로만 하얀 등불 밝혀주는/ 귀룽나무 꽃 그 똘망똘망한 눈들이/ 나를 쳐다보며 임하라/ "더 낮은 곳으로 임하라 일러주네"(마지막 연)라는 알기 쉬운 일상어로 삶에 대한 내면 세계의 의미를 심층 심리의 연상 작용의 수법으로 도출시키고 있다. '더 낮은 곳으로 임하라 일러주네' 라는 종결구는 강조법적인 수사를 효과적으로 발휘하고 있다.

[낮은 곳으로 임하라]는 메타포는 삶의 내려감이 아닌 온갖 고통에도 굴하지 않고 일어서고 다시 일어나는 빛나는 인간 '의지意志' 이다. 높은 곳만을 생각할 때부터 생의 오류는 시작된다. 인생의 부분만을 볼 것인가, 아니면 전체를 파악할 것인가를 박영수는 강력한 내면의 톤으로 투철하게 제시하고 있다. 우리 인간들의 마음의 풍경을 새롭게 분석해낸 프로이드(S. Freud, 1856~1939)의 명저 [꿈의 판단]에 대해 영국 시인 오든(W.H. Auden, 1907~1973)은 "우리들의 새로운 정신적 풍토를 보여주었다"고 극찬했거니와 박영수는 우리에게 새로운 역동적 의지의 세계를 눈부시게 보여주고 있다. 시인은 독자들에게서 저만치 앞서 가야 한다. 앞서 가지 않으면 독자에게 무슨 새로운 시세계를 보여줄 수 있을 것인가.

따지고 보자면 오늘의 과학자들이 DNA의 생명 유전의 암호를 풀었다고 소리치지만, 입술 생김새며 코의 모양, 팔 다리 등등 눈에 보이는 부분은 해결하겠으나, 인간의 의지라던가 양심 등 눈으로 볼 수 없는 정신 세계 등, 즉 인간 전체의 파악은 불가능하다. 그러나 뛰어난 시인은 놀랍게도 다른 사람이 볼 수 없는 것을 새로운 시를 통해 투시시킨다. 보이지 않는 것을 보여주는 것이 시인의 사명이 아닐런가를 거듭 강조하련다.

시라고
쓰고 있느냐
아직도 하작거리며

아무리 뜯어 보아도
아름다운 은유 한 구석 없는
그 알량한 시를

그대 두 눈 비비고
누구의 눈물을 닦아 주려나 오늘은
향기 나는 휴지로 누구의 슬픔을 닦아 주려나

두 손 곱게 모으고
보이지 않는 저 별을 바라보려마
차라리, 그 어설픈 붓일랑 꺾어버려라

그리고
너에게 주어진 길을 그냥 가거라
쓸쓸히 걸어 가거라

그대여!
파리 한 마리도 잡지 못하는
그 파리채랑 이제 놓아 버려라. 제발

— [공해야! 공해] 전문

[공해야! 공해]는 시작업의 과정을 통해 이른바 친환경 강조시대를 대입시킨 기교가 두드러진 홍미로운 풍자시다. 시가 무언지 알고 쓰는 시인은 이 세상에 한 사람도 없다고 본다. 그래서 필자는 시를 많이 쓰기보다는 좋은 시를 쓰는 사람이 누군지 오랜 세월을 지금까지 찾아 헤매고 있기도 하다.

"시라고/ 쓰고 있느냐/ 아직도 하작거리며// 아무리 뜯어 보아도/ 아름다운 은유 한 구석 없는/ 그 알량한 시를" (제1~2연)하는 자조적인 새타이어가 자못 세련된 직서적 시어로 심도 있는 이미지를 설득력있게 독자들에게 전달시키고 있다. 선불리 "나 시 잘 씁네"하고 잘난 체 말라는 아포리즘(aphorism, 잠언)이 아닌 스스로에게 던지는 자성의 굵직한 홍미로운 목소리다.

뉴턴(Isaac Newton, 1643~1727)이 만유인력의 법칙을 발견하여, 고전역학古典力學에 대응하는 새로운 역할을 세운 것은 어디까지나 과학이다. 박영수의 [공해야! 공해]는 과학이 아닌 시작업으로써 현대 사회의 새로운 시창작 방법의 새로운 메시지를 해학적으로 메타포(은유)하여 우리를 사뭇 즐겁게 해주는 명편이다. 시란 반드시 난해하고 어려워야 그 의미가 강하고 사유의 깊이가 심오한 것은 아닐 것이다. 인간의 삶의 진실이란 어쩌면 시인이 자학적으로 겸

허하게 노래하는 것에서 순수미가 창출되는 것은 아닌가 반문해 보고 싶기도 하다.

저 소리 분명
천 년을 아니 만 년을 흘러내리는
눈물소리

저 불빛 분명
억겁의 세월 달려온
별빛소리

아득히
고개를 쳐들고 바라보았네
우리는

수많은 반짝임과
그 파란 울음소리를

차마 내 잊지는 못하여
너의 강물에 퐁당, 한 방울
눈물마저 빠뜨리고 말겠네

— 〔와이토모 반딧불 동굴〕 전문

*와이토모 반딧불 동굴 : 뉴질랜드에 있는 세계 8대 불가사의 중의 하나임.

오늘날 수많은 한국 시인들의 해외 여행은 이미 선진 국제화 사회와의 차원있는 자연스러운 시문학 교류의 물결도 이루고 있다. 고루하게 내 것만을 고집할 것이 아니라 남의 것도 직접 가보고 체험하고 새롭게 인정하면서 남의 역사며 자연의 아름다운 발자취도 폭넓게 이해하고 수용하는 세계 문화사적 시창작의 발자취를 '한국어의 시'로써 형상화한다는 국제 친선의 의미는 크다.

박영수 시인이 뉴질랜드를 여행했던 훌륭한 '와이토모 반딧불 동굴'을 답사했던 콘텐츠를 "아득히/ 고개를 쳐들고 바라보았네/ 우리는// 수많은 반짝임과/ 그 파란 울음소리를// 차마 내 잊지는 못하여/ 너의 강물에 퐁당, 한 방울/ 눈물마저 빠뜨리고 말겠네"(제3~5연)라고 로맨티시즘 수법으로 낭만미 넘치게 형상화 시키면서 자연의 경이驚異를 오랜 역사의 과정으로서 고통의 상징인 '눈물'로써 형성화하며 찬양한다. 한국 시인이 남의 훌륭한 것에 대한 깊은 감동과 그 참의미에 주목할만한 새로운 시각이다.

이상, 전편적으로 건강미 넘치는 박영수 시세계를 깊숙이 섭렵해 보았다. 결론은 발상이 순수하며 세련된 시어 탁마의 창작 표현미를 보여준다. 근래 보기 드문 한국시의 역동적 가편佳篇들이다. 공감되는 것은 이 시편들의 내면세계에 강력하게 응집된 '개성'(personality) 때문이다. 개성적인 시는 시문학적인 새로운 창작적 가치며 그 이상理想의 구현이다. 그것은 시상詩想을 자신의 내부로 받아들여서, 객관적으로 창작 발상하는 '초자아超自我'의 시세계이다.

프로이드(Freud, Sigmund, 1856~1939)가 말한 "인간 개인의 개성에는 3개의 형태가 있는데, 자아의 내부에서 선악을 판단해내는 초자아야말로 참다운 제3의 모습이다"라고 지적했던 것을 떠올리게 한다. 박영수 시인은 시각과 청각의 공감각의 바탕 위에서 창출하는 영상미를 통한 초자아의 빼어난 메타포로써 삶의 가치 창출을 시도하고 있다. 박영수 시인은 21세기라는 새로운 세기世紀에 서서 온갖 사상事象을 보다 더 긍정적으로, 적극적으로 수용收容하며 진취적進取的인 기상氣像으로 한국인의 새로운 시문학을 한국시단에 제시할 것을 아울러 기대하련다.

사랑 한 잎

•

지은이 / 박영수
발행인 / 김재엽
펴낸곳 / 한누리미디어
디자인 / 지선숙

•

121-840, 서울시 마포구 서교동 395-13 서원빌딩 2층
전화 / (02)379-4514, 379-4519
Fax / (02)379-4516
E-mail/hannury2003@hanmail.net

•

신고번호 / 제300-2006-61호
등록일 / 1993. 11. 4

•

초판발행일 / 2010년 3월 21일

•

•

값 7,000원

•

•

ISBN 978-89-7969-362-1 03810